ÉLIE BERTHET

Paris. — Imp. d'Ad. Blondeau, 26, rue du Petit-Carreau.

ÉLIE BERTHET

Publié par G. HAVARD

LES CONTEMPORAINS

ÉLIE BERTHET

PAR

EUGÈNE DE MIRÉCOURT

PARIS. — 1857

CHEZ L'AUTEUR

48, rue des Marais-Saint-Martin

**Et chez tous les Libraires de France
et de l'Étranger.**

L'auteur et l'éditeur se réservent le droit de traduction
et de reproduction à l'étranger.

ÉLIE BERTHET

Dans vos pérégrinations de promeneur et de touriste, il vous est arrivé plus d'une fois sans doute, après avoir gravi péniblement quelques rampes escarpées, de vous trouver tout à coup sur un plateau d'où l'œil découvre de vastes étendues : là des plaines, ici des coteaux sur lesquels on voit les nuages semer tour à tour la lumière et l'ombre, et plus loin la cime gigantesque des montagnes bleues, perdues dans le ciel et fermant l'horizon.

La littérature contemporaine ressemble à ce paysage.

Quelques hommes de génie, au front majestueux et rayonnant de gloire, la dominent et la circonscrivent; mais il est des silhouettes d'un ordre moins élevé dont l'aspect repose agréablement la vue.

M. Elie Berthet, sans contredit est de ce nombre.

On doit le placer en tête de la liste des romanciers laborieux et intelligents, dont les œuvres offrent des proportions nouvelles à mesure qu'on les étudie.

Nous aimons cette physionomie littéraire, ce talent modeste, accomplissant chaque jour, depuis vingt ans, sa tâche méritoire, dans la retraite du sage et dans l'indépendance du philosophe.

Bertrand (1) Élie Berthet, naquit à Limoges, le 8 juin 1815.

(1) Le premier de ces prénoms seul lui appartient réellement, comme il put s'en convaincre, le jour où il eut entre les mains une expédition de son acte de naissance. Mais ses parents ne l'appelèrent jamais qu'Élie.

Son père était un négociant de cette ville, honorable, mais peu riche, et obligé de suffire à l'existence d'une famille nombreuse.

Il avait six enfants.

Un des frères d'Élie Berthet exerce avec distinction la médecine à Paris; un autre est inspecteur des écoles primaires. Sa sœur cadette est directrice de poste.

L'enfance de notre romancier fut chétive et faible.

Il se livra de bonne heure à la méditation et à la vie contemplative. Au lieu de partager les distractions bruyantes des écoliers de son âge, il employait ses heures de loisir à la lecture.

Bientôt il manifesta le goût le plus vif pour l'étude des sciences naturelles.

A douze ans, Élie était déjà un botaniste de première force et un entomologiste de quelque valeur.

Il empaillait les oiseaux tout aussi adroitement qu'un préparateur du Muséum, à l'aide de quelques indications qu'il avait trouvées çà et là dans les livres.

On le voyait courir les champs, les bois et les prés à la recherche des insectes, et il forma une collection de papillons à faire pâmer d'aise l'ombre de feu Duméril, l'homme de France qui cultivait de la façon la plus intime ces intéressants lépidoptères.

A la même époque, il savait par cœur toute la petite bibliothèque paternelle, quelques livres d'histoire ou de science et quelques romans du dernier siècle, miraculeux trésors qui faisaient marcher notre jeune Aladin de surprise en surprise.

Déjà sa blonde tête enfantine renfermait assez bon nombre de notions littéraires et scientifiques, lorsqu'il fut envoyé par sa famille au collége de Limoges.

Il y fit ses classes en qualité d'externe.

Tout d'abord Élie ne se révéla pas comme un *piocheur* intrépide.

Son goût pour la lecture devenait chaque jour plus impérieux, et donnait à son père une certaine inquiétude.

M. Berthet commençait à craindre que cette passion trop exclusive ne finît par être nuisible aux études classiques de son fils. L'enfance n'entrevoit guère la nécessité de marier l'utile à l'agréable; elle cède beaucoup moins à la raison qu'à l'attrait.

Pour le contraindre au travail, son père, usant d'une tendresse pleine de sévérité, l'enfermait, dans l'intervalle des cours, tout en haut d'une espèce de donjon fort pittoresque, que l'enfant, dans sa rancune, appelait pigeonnier.

Du reste, Élie ne tarda pas à rendre les précautions inutiles.

En revenant du collége, tous les matins, il faisait sa provision de volumes aux étalages des bouquinistes. Ceux-ci convenaient avec lui de reprendre, le lendemain, ce qu'il avait acheté la veille, et notre jeune élève rentrait dans son nid, les poches bourrées de bons ou de mauvais livres.

Quelques heures après, tout était dévoré, sinon digéré.

Si vous avez lu les *Confessions* de Jean-Jacques Rousseau, vous devez vous rappeler avec quel appétit furibond l'ingrat protégé de madame de Warens engloutissait, dans son enfance, tous les livres sur lesquels il pouvait mettre la main.

Élie Berthet, s'il est possible, était plus vorace encore que Jean-Jacques.

Pourtant cette incontinence de lecture

ne l'empêchait pas de faire ses devoirs. Quelquefois même son imagination surexcitée lui procurait des bonnes fortunes de style et d'invention qui surprenaient ses professeurs.

Mais, d'ordinaire, afin d'être plus tôt libre et de se livrer sans réserve à ses goûts favoris, il *bâclait* ses thèmes et ses versions avec une incroyable rapidité.

En un mot, il était laborieux à force de paresse ; mais de cette paresse qui est celle des natures intelligentes.

Les choses n'allaient pas trop mal de la sorte.

Par malheur, M. Berthet père, qui n'était point un Argus indolent, découvrit le subterfuge.

Avant de cadenasser dans son colombier le pauvre latiniste, il ne manquait plus de le visiter aussi scrupuleusement qu'un douanier visite le fraudeur qu'on lui signale.

Donc, pour ne pas mourir d'ennui dans sa solitude, Élie fut obligé de se venger sur le latin.

Néanmoins il ne perdit pas l'espoir de reprendre ses chères lectures, et la nécessité, d'ailleurs, rend inventif. Bientôt, malgré la fouille scrupuleuse exercée dans ses poches, il eut autant de livres à sa disposition que précédemment.

Sa jeune sœur devint sa complice.

Elle plaignait la dure captivité de son frère.

Notre collégien matois profita de la pitié qu'il lui inspirait pour l'engager à cacher dans ses chiffons les volumes interdits, et à les lui faire parvenir dans son cachot aérien.

On attachait le paquet de livres à l'extrémité d'une grosse ficelle dont le captif tenait l'autre bout. Élie tirait de sa fenêtre, et le tour était joué.

Grâce à cet enfant secourable, il eut comme par le passé sa pitance intellectuelle du jour.

Mais, ô catastrophe !

Un matin, l'habitant du pigeonnier, n'ayant pas su contenir sa vive impatience, communique, sans le vouloir, à la ficelle, une forte secousse. Le paquet de livres s'en va heurter contre les vitres de la chambre au-dessous, et les brise avec le plus épouvantable fracas.

Aussitôt une tête se montre. C'est la tête de M. Berthet père.

Il voit la bibliothèque frauduleuse qui se balance dans l'espace et là saisit au passage.

L'expédient de la ficelle n'était plus possible.

Une semaine ou deux, Élie fut complétement sevré de lectures étrangères au programme du collége ; mais son esprit imaginatif ne tarda pas à lui suggérer une foule d'autres ruses, dont le succès le consola pleinement de ses heures d'abstinence.

Tout le magasin des bouquinistes de Limoges y passa dans l'espace de quatorze mois.

Certes, un pareil amalgame de notions hétérogènes, pêchées, pour ainsi dire, au *hasard de la fourchette*, était bien fait pour troubler et bouleverser le cerveau de notre collégien ; mais Elie, fort heureusement, l'avait plus solide que l'illustre chevalier Don Quichotte de la Manche.

Il résista au régime qui avait rendu fou le brave hidalgo.

La manière dont le jeune homme fut élevé nous explique son caractère droit, grave et affectueux, bien qu'il soit assombri par une légère teinte misanthropique. Dès son plus jeune âge il observait religieusement sa parole ; et jamais il ne s'est rendu coupable du plus léger mensonge, même en forme de plaisanterie.

Son père se montra pour lui toujours rigide, mais toujours tendre et bon ; toujours inflexible, mais toujours juste.

Il résulte de ce qui précède qu'Elie Berthet, pendant ses premières années de collége, ne fut pas ce qu'on appelle un écolier de premier ordre, grâce à sa passion frénétique pour la lecture et la négligence qu'il apportait à ses devoirs de classe.

Pendant son année de troisième, il lui prit, un beau jour, fantaisie de composer un roman.

Comme il en avait immensément lu, depuis son enfance, de tous les genres et de tous les formats, il devinait à peu de chose près la recette mystérieuse de ce *mixtum compositum* qu'on appelle une œuvre d'imagination.

Quinze jours durant, il roula dans sa

tête le plan fantastique d'une nouvelle (1).

Une fois tous les détails de ce plan bien fixés, notre littérateur précoce prit la plume et se mit à voyager dans les campagnes fleuries du style.

Pour mener son œuvre à bonne fin, l'élève Berthet s'adjoignit un aide.

Les fonctions de ce collaborateur étaient fort simples, utiles sans doute, mais peu glorieuses. Elles consistaient à transcrire d'une main superbe, sur un cahier de *corrigés*, les élucubrations du romancier en chef.

(1) Cette nouvelle a paru dans le recueil intitulé *la Veilleuse*, publié sous le pseudonyme d'Elie Raymond.

Or, ce copiste émérite, presque aussi content de lui que l'âne portant des reliques, perdit tout par excès de zèle.

Un jour qu'il s'avisait de mettre au net le manuscrit pendant la classe, on le lui confisqua.

Elie Berthet le savait par cœur, et la postérité n'y perdit rien.

Nous le voyons obtenir, en rhétorique et en philosophie, les deux premiers prix d'excellence.

Mais cette fièvre de travail était une fièvre intermittente, et presque aussitôt notre lauréat retombait dans les rêveries de l'imagination et dans une somnolence méditative qui ressemblait beaucoup à la paresse.

De semblables dispositions d'esprit chez son fils plongeaient M. Berthet dans un chagrin réel.

Vif et laborieux de sa nature, il ne comprenait ni le calme bizarre, ni l'extérieur tout contemplatif du jeune homme: Il lui reprochait de passer des journées entières à herboriser ou à chasser des papillons dans la campagne.

— Mon ami, lui dit-il un jour, l'œil humide, je t'en conjure, travaille sérieusement, utilement ! Songe à te faire un avenir ! Il n'y a rien qui me soit plus antipathique au monde qu'un paresseux !

Elie prit à cœur ces paroles de son père.

Il se jura solennellement de ne jamais être à charge à sa famille et de subvenir lui-même à tous ses besoins.

Sans consulter personne, sans rien laisser paraître de sa résolution courageuse, il vend à des amateurs les collections d'histoire naturelle qu'il a formées dans ses loisirs de jeunesse, réalise près de mille écus, et annonce fièrement à sa famille son départ pour Paris, où il va chercher à s'ouvrir une carrière lucrative.

Cette carrière qu'il rêve est celle d'écrivain.

Mais le nom seul de littérature fait dresser les cheveux sur la tête du père d'Elie.

— Rassurez-vous, dit le jeune homme, je ferai mon droit. En même temps je vous promets de travailler chez un avoué. Les fonds que j'emporte sont destinés à pourvoir à mes frais d'étude, et je vivrai tant bien que mal avec les modestes appointements de ma plume de clerc.

Tout s'arrangea.

M. Berthet ne trouva plus d'objections au plan judicieux de son fils.

Huit jours après, Elie se trouvait installé dans une petite chambre de l'hôtel de

Champagne, rue des Mathurins-Saint-Jacques.

Aussitôt il se mit à travailler avec ardeur, sans perdre une minute aux distractions que lui offrait la grande ville.

Mais le droit fut sacrifié complètement à la littérature.

Notre jeune Limousin ne connut jamais que de nom MM. Ducaurroy et Duranton; il ne passa que six fois le seuil de l'École, pour prendre au secrétariat ses six premières inscriptions.

Elie Berthet, feuilletoniste aimé des lecteurs du *Siècle*, est encore aujourd'hui étudiant de première année.

Du reste, il ne hanta point les estaminets et ne crut pas devoir exposer sa candeur provinciale sous les bosquets impudiques de la Grande-Chaumière.

Il travaillait sans cesse et sans perdre courage; mais il comprit bientôt que ses mille écus seraient insuffisants à lui faire attendre l'heure du succès.

— Avisons, se dit-il, au moyen de s'en passer.

Pourvu de ses deux diplômes de bachelier-ès-lettres et de bachelier-ès-sciences, obtenus à seize ans, il se présente chez un maître de pension de la rue Vaugirard, M. de Reusse, et lui propose de répéter gratuitement chez lui les classes d'humanité; tout en donnant des leçons particulières aux élèves dont les parents voudraient lui accorder pour cela quelque rétribution.

M. de Reusse accepta bien vite.

— Je vois, dit-il au jeune homme, que vous avez été un excellent élève (il parlait sur la foi des diplômes), et je vous autorise à entrer aujourd'hui même en fonctions. J'estime que vous pourrez gagner ici quatre-vingts francs par mois.

C'était magnifique.

Une pareille somme représentait pour Élie l'existence indépendante et la possibilité de mener à bon terme ses ambitieuses espérances en littérature.

Des leçons de rudiment et des corrections de thèmes, à cinq heures du matin, dans une classe froide et humide, n'avaient rien d'agréable pour un romancier qui préférait de beaucoup Walter-Scott à Virgile.

Mais bah! ne faut-il pas souffrir pour la gloire? Et, d'ailleurs, les quatre-vingts francs sont d'absolue nécessité.

Le chef d'institution offre au jeune homme la table et une chambre.

Elie n'accepte point.

Il préfère conserver sa mansarde à l'hôtel de Champagne, où il reçoit à son aise quelques amis. Pour ce qui concerne la table, il a entendu si souvent faire une description affreuse des repas du réfectoire, qu'il lui répugne de s'exposer à cette cuisine.

Préjugé de collége.

—Mieux vaut cent fois, se dit Elie, vivre de pain et de fromage, et vivre en liberté.

Donc il passe toutes ses nuits à écrire, à lire et à méditer. Les plans de nouvelles et de romans se succèdent sous sa plume et s'entassent dans ses tiroirs en piles prodigieuses.

C'est Pélion sur Ossa!

Rarement on vit jeune écrivain déployer à ses débuts une volonté plus ferme.

En trois mois, un volume de nouvelles est achevé et parachevé. Mais Berthet cherche en vain un éditeur, un libraire...

Quœrens bibliopolam quem devoret.

Il n'en trouve aucun qui veuille publier ce premier livre, et le découragement commence à se glisser dans son âme.

Un jour, Edouard Ourliac et Arsène Houssaye grimpent à la mansarde du jeune homme, qui, après une nuit passée au travail, dormait, à onze heures du matin, d'un sommeil fiévreux. Il rêvait qu'il corrigeait des épreuves.

— Allons, haut le pied, monsieur le dormeur! lui crient Edouard et Arsène.

— Hélas! dit Berthet en se frottant les yeux, ce n'était qu'un songe!

— Lève-toi vite, et suis-nous.

— Pourquoi faire?

— Nous avons ton homme.

— Un éditeur?... Vrai?... Mon rêve se réalise! dit notre héros, passant un pantalon en toute hâte, puis endossant un habit bleu superbe à boutons d'or.

Ses obligeants amis le conduisent chez un éditeur de la rue Percée, qui se déclare prêt à entendre le chef-d'œuvre.

Edouard Ourliac fait monter de la bière.

On allume des pipes, et l'auteur commence d'une voix émue la lecture de ses chères nouvelles.

De temps à autre, Arsène et Ourliac, par quelques interjections admiratives jetées aux bons endroits, essaient d'allumer l'éditeur. Mais celui-ci reste froid et impassible.

A la fin, il rompt cet inquiétant silence.

— Vos nouvelles, dit-il au lecteur, sont pleines de style et d'observation; mais...

— Diable! il y a un *mais!* grommèle Ourliac.

— Mais vous n'avez pas de nom.

— Bah? dit Arsène.

— Vous êtes inconnu, complètement inconnu du cabinet de lecture, cet arbitre poudreux du destin des gens de lettres. Malgré mon désir de vous être agréable, je ne puis pas éditer votre livre. Tous les exemplaires me resteraient en magasin.

— Quel dommage! s'écrie Edouard, qui a son but : un garçon doué de si nombreux talents!

— Je n'en disconviens pas.

— Un si habile pêcheur..

— Hein?

— A la ligne!

— Vous dites?

— Qui prend dans la Seine, — un fleuve où d'autres attrapent tout au plus quelques misérables goujons, — des anguilles magnifiques et des carpes monstres!

— O ciel! fit l'éditeur avec un bond d'enthousiasme.

— C'est comme nous avons l'honneur de vous le dire, poursuit le blond Arsène. Notre camarade a pris l'autre jour à Saint-Ouen un gardon qui pesait quatre livres.

— Pas possible! s'exclame le libraire, en ouvrant des yeux gigantesques.

— Un beau gardon, je vous le jure!

— C'est bien singulier; le plus gros que

j'aie pris dans la Seine ne pesait que huit onces...

— Ah! c'est que vous amorcez de travers ou que vous choisissez mal votre temps. Les gros poissons ne mordent qu'à certaines heures. Pas plus tard que la semaine passée, moi qui vous parle, j'ai vu Berthet nous pêcher un énorme plat de friture dans l'espace de vingt minutes.

— En fouettant, sans doute? J'estime peu ce genre de pêche, fit l'éditeur sur un ton dédaigneux.

— D'accord; mais c'était uniquement pour se faire la main. Ne le prenez pas pour un autre. Après le poisson blanc les grosses pièces. Il y avait, à la nuit tombante, onze carpes dans le panier.

— Prodigieux! prodigieux! s'écria le libraire. Je vous le disais à l'instant même, ce jeune homme est plein de moyens, plein d'avenir.

— Ainsi vous allez publier son livre, dit Ourliac.

— Il y a donc beaucoup de carpes à Saint-Ouen?

— Beaucoup... C'est tout à la fois une œuvre d'action et une œuvre de style.

— Est-ce au pain ou au ver qu'il travaille? interrompit l'éditeur, suivant toujours le fil de ses idées et de sa ligne.

— Non, c'est à *la veilleuse*, titre excellent pour un volume de nouvelles.

— Ta, ta, mon cher! *Notre-Dame de Paris*, signée Elie Berthet, ne se vendrait pas du tout. Enfin, n'importe; je prends son volume pour cent cinquante francs, un tiers espèces, et le reste en une broche à trois mois. Il faut encourager le mérite, et je trouve scandaleux que ce garçon-là, un vrai pêcheur, qui vous prend onze carpes à la ligne en une soirée, n'ait pas encore de position faite.

Berthet sauta au cou du digne homme et de ses excellents amis.

— Un conseil, ajouta le libraire. Appliquez-vous dès à présent à vous faire connaître dans les revues et dans les journaux. Présentez-vous de ma part à Louis Desnoyers. Je suis sûr que vos petites *machines* lui conviendront à merveille et qu'il vous imprimera tout vif dans le *Siècle.* Si vous parvenez à signer trente ou quarante feuilletons, le commerce de la librairie deviendra votre humble serviteur.

En effet, le conseil était bon.

Notre jeune écrivain le suivit sans plus de retard.

Il envoya, le jour même, sous enveloppe, trois ou quatre nouvelles au directeur de la partie littéraire du *Siècle,* avec une lettre bien capable de lui toucher l'âme.

Trois mois s'écoulent. Point de réponse.

Berthet s'imagine que ses manuscrits ont paru indignes de l'insertion. Cette pensée lui enlève son courage. Trois ans d'un travail assidu ne le mènent à rien, et toute sa jeunesse s'écoule en impuissants efforts.

Mieux vaut abandonner la littérature.

Adieu donc cette carrière ingrate qu'il a rêvée! ses dernières espérances sont éteintes; il va briser sa plume.

Tout à coup on frappe à sa porte.

C'est le maître de l'hôtel de Champagne, un brave homme qui s'intéresse fort à son studieux locataire. Il entre tout joyeux, tenant à la main un numéro du *Siècle*.

— Ah! sournois! s'écrie-t-il, vous avez un feuilleton qui passe, et vous n'en dites rien à vos amis!

Berthet se précipite.

Il est pâle de saisissement.

C'est bien une de ses nouvelles que le *Siècle* fait paraître, c'est bien son nom qui resplendit en petites capitales au rez-de-chaussée d'une grande feuille périodique!

Toutes les nouvelles qu'il avait envoyées, passèrent à quelques jours d'intervalle.

Son bonheur et sa joie furent au comble.

Endossant le fameux habit à boutons d'or, il alla rue de Navarin, remercier Louis Desnoyers, qui lui fit le plus charmant accueil et le complimenta sur ses premiers essais littéraires.

— Vos nouvelles sont remplies d'intérêt, lui dit-il, et je vous demande pardon de vous avoir fait languir si longtemps. Mais je vous avoue que je ne les avais pas lues. Ce n'est pas une sinécure, allez, que la direction littéraire d'un grand journal. Il faut remuer bien du fatras pour recueillir un morceau de quelque valeur.

Ce disant, il lui montrait du doigt une montagne de paperasses.

— Oh! fit Berthet, dans la quantité pourtant il doit se trouver de bonnes choses.

— Vous croyez cela? reprit Desnoyers, eh bien, jugez-en par vous-même. Je ne puis suffire à toutes ces lectures. Si vous voulez accepter les fonctions de secrétaire auprès de moi, vous n'aurez absolument qu'à dépouiller ces liasses, et il vous restera encore assez de loisir pour composer des nouvelles ou de petits romans que je reçois d'avance. Parlez, cela vous convient-il?

— A merveille, répond Elie. Pour vous prouver ma reconnaissance, je m'engage à liquider, d'ici à quinze jours, tout votre arriéré de manuscrits.

— Faites cela, et vous verrez si je suis pessimiste.

Berthet se mit à la besogne.

Dès la première semaine, il la trouva rebutante et reconnut que Desnoyers avait raison.

Çà et là se trouvaient bien quelques idées heureuses, quelques passages réussis ; mais rien n'était complet, absolument rien. Pas une de ces œuvres, en conscience, ne méritait l'impression.

Le jeune écrivain conserva longtemps la position que lui avait offerte Desnoyers.

Ce fut pendant cette période qu'il fit paraître au rez-de-chaussée du *Siècle* cette foule de romans devenus populaires, et dont voici les titres : Le *Colporteur*, — le *Fils de l'usurier*, — la *Croix de l'affût*, — le *Premier Hareng*, — la *Convulsionnaire*, — l'*Auberge de la Baronne*, — l'*Incendiaire de l'Aveyron*, — *Une Rivalité de femme*, — *Chálus*, — la *Tour de Zizim*, — les *Fils de Henri II*, — *Clodwig-le-Chevelu*, — le *Comte de Bonneval*, — l'*Abbaye de Solignac*, — la *Nièce du Masque de fer*, — le *Marquis de Beaulieu*, — les *Chasseurs de la Saône*, — *Une Pas-*

sion, — *Jacques Brighton*, — *Un Alchimiste au XIX*e *siècle*, — *Un Martyr*, — *Agrippa d'Aubigné*, — le *Chasseur de Marmottes*, — le *Pacte de Famine*, — le *Premier des Pénitents rouges*, — *Un Novateur dans les landes*, — le *Dernier Mérovingien*, — la *Maison murée*, — les *Garçons de recette*, — la *Famille du paysan*, — la *Favorite*, — les *Inconvénients de la Bravoure*, — le *Mûrier blanc*, — la *Chasse au sanglier*, — la *Mésange bleue*, — l'*Histoire de l'esprit en France*, — les *Prédictions*, — *Une Plaisanterie*, — les *Souvenirs d'une Cigale pythagoricienne*, etc., etc.

Nous en passons et la liste est loin d'être complète.

La fécondité d'Élie Berthet ne peut se comparer qu'à celle d'Alexandre Dumas *seul*, avec cette différence, que le premier n'a jamais eu l'ombre d'un collaborateur, et que le second en a eu par milliers.

Le bibliomane patient qui voudrait remonter aux sources et prendre des informations auprès de ses contemporains, arriverait à démontrer, sans réplique possible, que cet estimable Dumas *seul* n'a pas un volume, pas une pièce de théâtre, pas un chapitre, pas une scène intégralement à lui.

Tout est volé, sans vergogne, aux auteurs vivants comme aux auteurs-morts.

Elie Berthet, par sa production incessante, devait naturellement conquérir une influence énorme sur la gent abonnable.

Toute nouvelle signée de lui amenait au *Siècle* des renouvellements superbes.

Voici comment un critique de l'époque appréciait le talent de notre romancier :

« Ses compositions sont dramatiques ; les contrastes y abondent ; les mœurs douces s'y mêlent aux passions les plus énergiques ; la vérité des portraits s'y joint au charme des descriptions.

» Si l'auteur était moins sédentaire, et s'il avait eu le temps de vivre, on serait tenté de penser qu'il a exploré en détail tous les lieux dont il parle, qu'il a reçu la confession de tous les personnages qu'il met en scène, qu'il est intervenu comme témoin ou comme acteur dans tous les drames qu'il raconte, car il est impossible d'être plus vrai, plus naturel, plus intéressant. »

Cet éloge est aussi complet que mérité.

Si les George Sand et les Eugène Sue, météores dont les passions politiques ont triplé l'éclat, n'avaient pas envahi, de nos jours, presque tout le ciel littéraire, l'auteur de la *Croix de l'affût* aurait, certes, une étoile plus radieuse.

Telle qu'elle est, sa part de célébrité reste encore assez digne d'envie.

Mais, comme toute chose en ce monde, la célébrité a des inconvénients bizarres, et les noms livrés au public, sans parler de la sottise bourgeoise qui s'en amuse ou de la critique jalouse qui les déchire, sont exposés à de nombreuses mésaventures.

On frappe, un soir, à la porte d'Élie Berthet.

— Entrez, dit-il.

Un jeune homme, un inconnu se présente, les bras ouverts, en s'écriant :

— Que je suis heureux de vous revoir, mon cher ami ! souffrez que je vous embrasse....

Mais, ces mots à peine proférés, l'inconnu s'arrête interdit.

— Pardon ! murmure-t-il, je croyais... j'avais demandé.... je voulais parler à M. Élie Berthet.

— C'est moi.

— M. Élie Berthet, le romancier?

— J'écris des romans.

— M. Élie Berthet du *Siècle*?

— Le *Siècle*, en effet, publie mes œuvres.

— Pourtant, monsieur, j'ai connu très-intimement, au Croisic, un autre vous-même, un jeune homme se disant feuilletoniste, romancier, rédacteur du *Siècle*, et s'appelant Élie Berthet.

— Je ne suis peut-être pas le seul de mon nom ; mais je puis vous affirmer que nul autre que moi ne le porte en littérature.

— Est-ce possible ? j'ai donc été pris pour dupe ?

— Sans aucun doute.

— Mais c'est une abomination !

— Vous avez eu affaire à quelque mystificateur.

— Dites un filou, monsieur ! car ce personnage, tout en captivant mon amitié, s'est permis de m'emprunter des sommes assez rondes.

— J'en suis aussi désolé pour mon nom que vous pouvez l'être pour votre bourse. Mais comment ne vous êtes-vous pas douté de la fraude ? Il est assez difficile de prendre tout à la fois les bains de mer au

Croisic et de faire paraître trois romans, au *Siècle*, à la *Patrie* et au *Commerce*.

— Vous avez raison, je n'ai pas réfléchi.

— Cet audacieux personnage est-il resté longtemps au Croisic?

— Environ six semaines.

— Pourriez-vous me dire où il est allé ensuite?

— A Bordeaux. Il devait, de là, se rendre à Marseille, puis à Gênes, et visiter toute l'Italie.

— C'est un loisir que le véritable Élie Berthet n'aura jamais, monsieur, je vous le jure.

Le visiteur s'en alla, quelque peu déconfit.

Berthet ne songeait déjà plus à cet incident, lorsqu'il lui arriva, la semaine suivante, une lettre timbrée de Bordeaux. C'était une réclamation d'un particulier de la Gironde, maître d'hôtel, si nous sommes bien renseigné, chez qui le faux Elie Berthet s'était hébergé pendant un laps de temps fort raisonnable, oubliant, à son départ, (les gens de lettres sont si distraits!) d'acquitter une note de trois cent cinquante francs.

— Bref, à deux mois de là, notre romancier reçut des nouvelles de Turin.

Ces nouvelles lui annonçaient qu'il avait pris résidence dans la capitale des États Sardes, où Français et Piémontais lui faisaient cordial accueil, tout en lui ouvrant un crédit fort raisonnable sur la simple notoriété de son nom.

Élie Berthet n'a pas été la seule victime de ces usurpations coupables.

Au nombre des vols nombreux inventés par notre époque honnête, on peut inscrire le vol à la littérature à côté du vol au bonjour, du vol à l'américaine et du vol à la Bourse.

Tout ceci se passait en 1839.

Le théâtre de la Porte Saint-Martin éprouvait le besoin d'un succès d'argent. Sa caisse béante sonnait le creux, et l'hiver s'annonçait mal.

Harel, directeur de ce théâtre, avait compris, avec sa finesse de tact ordinaire, que, dans certains romans du jeune auteur, il y avait l'étoffe de quelques beaux drames.

Un jour donc, il va trouver Paul Foucher, qu'il sait lié très-intimement avec Élie Berthet, le priant d'engager celui-ci à donner une pièce à la Porte-Saint-Martin.

— Pourquoi, par exemple, dit Harel, ne pas mettre en scène le *Pacte de Famine?*

— J'y pensais comme vous, répondit le beau-frère de Victor Hugo.

Berthet lui-même avait la conviction que son œuvre possédait tous les éléments d'une pièce émouvante; on n'eut donc aucune peine à le décider.

Le *Pacte de Famine* obtint cent représentations successives.

Une autre pièce, écrite en collaboration avec Saintine, et qui a pour titre les *Garçons de recette,* fut accueillie avec la même faveur.

On se demande pourquoi le bagage dramatique de notre écrivain se borne à ces deux œuvres, si bien reçues de la foule.

Berthet répond à cela qu'il est *ensorcelé*.

Mais ensorcelé véritablement, ensorcelé au propre et non au figuré.

Notre héros est superbe lorsqu'il vous raconte de l'air le plus convaincu cette histoire de *Jettatura*.

Un homme au teint basané, à l'œil noir et profond, se présente chez lui.

C'était un compositeur de musique, Napolitain d'origine.

— Monsieur, dit-il, en fixant sur Elie son regard étrange, vous me trouvez audacieux peut-être de m'introduire chez vous de la sorte; mais on m'a fait l'éloge de votre caractère et de votre bienveillance. Je me nomme C....; je termine en ce moment la partition d'un opéra, et j'ose croire que vous ne refuserez pas de m'écrire un libretto, bien que je n'aie pas l'honneur d'être connu de vous. Mais je puis me recommander de plusieurs de vos amis, de MM. Théophile Gautier et Gérard de Nerval.

— Je ferai tout pour vous êtes agréable, monsieur, répond Berthet. Seulement, je dois vous prévenir que ce seront mes débuts de poésie lyrique. Pour la première fois je vais m'essayer dans ce genre: Enfin, je prendrai, s'il le faut, un collaborateur.

—Monsieur, je vous rends mille grâces ! dit l'Italien.

Il salua son auteur avec la plus exquise politesse et sortit.

Le lendemain, Berthet rencontre dans l'avenue de Marigny Gérard et Gautier.

— A propos, dit-il, j'ai reçu hier la visite d'un de vos amis, un musicien qui cherchait un poème. Il se nomme C...

— Miséricorde ! s'écrie Théophile; tu es un homme enterré!

— Et pourquoi cela, bon Dieu?

— Tu ne feras plus jamais rien au théâtre.

— Ah! ça, perdez-vous l'esprit l'un et l'autre? dit Berthet, voyant que Théophile était sous l'empire d'une sorte d'épouvante, et que Gérard, au nom de l'Italien, devenait d'une pâleur extrême. Explique-toi, de grâce ; que veux-tu dire? ajoute-t-il en s'adressant à Gautier.

— Je veux dire que cet homme-là est un *jettator*.

— Hein? fit Berthet, pâlissant à son tour, car il est très superstitieux de sa nature.

— Oui, mon cher, il a le *mauvais œil*.

En veux-tu la preuve? continua Théophile en baissant la voix : l'année dernière, Gérard se croise avec lui dans la rue ; l'Italien le regarde de son œil sombre, et, le même soir, Gérard était fou.

Berthet sentit un frisson de terreur courir dans ses veines.

— Moi qui te parle, reprit Gautier, je me trouve quinze jours plus tard au Vaudeville à côté de cet homme, et à minuit, en rentrant chez moi, je fais dans l'escalier une chute à me rompre le cou. Cette chute m'a tenu au lit pendant six semaines.

Nous l'avons dit, Berthet raconte lui-même cette histoire le plus sérieusement du monde.

— A dater de ce jour, vous dit-il, une étrange fatalité s'est appesantie sur mes œuvres dramatiques. Pas une n'est arrivée à bonne fin, tantôt par une circonstance, tantôt par une autre. Ici le théâtre brûlait, là le directeur faisait faillite. Ma foi, j'ai renoncé à écrire pour la scène, afin de ne pas multiplier les catastrophes. Toutes les administrations y auraient passé, je vous le jure !

Sous aucun prétexte Elie Berthet ne commence une nouvelle un vendredi.

Jamais il ne conclura, le treize du mois, un marché avec son libraire, et nous l'avons vu se signer à table devant trente convives, — lui, un rédacteur du *Siècle !* — pour une salière renversée.

Puisque nous citons ses principaux ouvrages, il ne faut pas oublier ceux qui vont suivre :

La *Malédiction de Paris;* — la *Falaise sainte,* — *Honorine,* — la *Fille des Pyrénées,* — la *Roche tremblante,* — le *Roi des Ménétriers,* — le *Nid de Cigognes,* — l'*Etang de Précigny,* — *Paul Duvert,* — le *Château d'Auvergne,* — une *Maison de*

Paris, — le *Château de Montbrun*, — la *Fille du Cabanier*,—la *Ferme de l'Oseraie*, — la *Belle Drapière*, — le *Chevalier de Clermont*, — le *Braconnier*, — la *Mine d'or*, — *Richard le fauconnier*, — *Justin et l'Audore*;— et les *Catacombes de Paris*, toutes compositions de longue haleine, en plusieurs volumes.

On accuse Elie Berthet de manquer de style.

Mieux vaudrait dire qu'il a été jeté forcément, comme beaucoup d'autres, dans cette littérature à bâtons rompus que le journalisme, depuis vingt ans, met à l'ordre du jour et qu'il paie au rabais en ne laissant jamais à l'écrivain le temps de corriger et de revoir son œuvre.

Tous les jeunes auteurs qui ont voulu dans ce siècle lutter contre la honteuse fabrique de romans du sieur Alexandre Dumas *seul*, ont dû produire et produire sans cesse, quand ils étaient assez heureux pour trouver un débouché, sous peine d'être engloutis sous l'avalanche éternelle des collaborations anonymes.

Rivée à cette chaîne de forçat, la muse gémissante changeait parfois ses pleurs en sourires et profitait pour déployer ses ailes des rares occasions qui lui étaient offertes.

Voici, dans la *Malédiction de Paris*, un passage que nous plaçons sous les yeux du lecteur.

On verra qu'il y avait chez Elie Berthet, non-seulement l'étoffe d'un homme de style, mais aussi l'étoffe d'un poète.

L'auteur dans ce passage fait parler la Seine.

« Je suis le roi des fleuves. Je me suis couché comme un géant fatigué dans ce pays de France, et il y a cent lieues de mes pieds à ma tête. L'Yonne et l'Aube sont mes jambes, que je tiens écartées comme fait un homme endormi; la Marne vient se pendre à ma ceinture et me forme une flottante écharpe d'or; l'Oise et l'Eure sont les deux bras que j'étends pour embrasser de riches provinces, et ma tête fauve se baigne dans les flots de l'Océan.

« Seigneur, Seigneur, ne m'avez-vous donné tant de grandeur que pour me faire l'esclave de l'homme ?

« Paris a resserré ma taille majestueuse dans un dur corset de pierre ; ses quais se rapprochent toujours, semblables aux mâchoires d'un étau. Malgré mes gémissements et ma colère, je vais être bientôt aussi mince que le ruisseau des champs. Ses lourdes barques glissent sur ma poitrine et m'étouffent de leur poids ; ses machines rapides déchirent ma peau basanée. Il me torture nuit et jour comme un enfant vicieux qui enfonce ses ongles dans le sein de sa nourrice.

« Oh! qui me délivrera de Paris, cet ulcère de mes flancs !

« Ses ponts entrent dans ma chair avec leurs dents de granit et me cachent l'air et le jour. Il faudra bientôt que je coule dans un sombre souterrain comme mon frère le Rhône, à la course impétueuse. N'est-ce pas à moi, miroir du monde, de réfléchir la campagne, le firmament, le soleil? Ne dois-je pas abandonner librement au vent qui passe mes vagues blondes et ma chevelure de roseaux?

« Et mes eaux, Seigneur, ces eaux que vous m'avez données si larges et si belles, les hommes me les dérobent chaque jour comme des voleurs de grands chemins. Elles disparaissent dans des gouffres secrets où une force irrésistible les attire ; elles se portent à travers la ville en suivant d'innombrables canaux souterrains, puis elles tombent et reviennent à moi fétides, noires, chargées d'immondices. C'est dans mes profondeurs que les malheureux cherchent un refuge contre leur désespoir, et il me faut les porter à l'Océan défigurés par la corruption et les membres tordus.

« Quand l'émeute gronde dans les carrefours, mes flots sont rouges de sang et je marche à la mer avec une charge de morts.

« La nuit, quand je sommeille sur ma couche de sable et quand mon humide haleine de brouillards s'élève autour de moi comme un nuage, quelque objet lourd tombe soudain dans mon onde silencieuse.

« Tantôt c'est une jeune fille fraîche et

rose, tantôt un beau jeune homme à la mise élégante, tantôt un père de famille aux vêtements délabrés, à la face pâle et maigrie par la faim.

« Mais que m'importe à moi ? Pauvre ouvrier, jeune fille séduite, ou amoureux désespéré, ne sont-ce pas toujours des cadavres infects qui empoisonnent mes ondes ?

« Paris ! Paris ! que me font tes obélisques et tes statues équestres qui m'insultent du haut de leur piédestal ? Que me font tes édifices, grands comme des montagnes, qui semblent me braver à mon passage ? Que me font tes lumières qui glissent, le soir, sur ma rive, semblables à des comètes errantes ? Que me fait ton murmure immense qui ne saurait égaler le bruit de ma voix dans mes heures de colère ?

« J'existais avant toi, ville orgueilleuse !

« Tu n'étais encore qu'un amas de boue et de marécages, un groupe d'îlots rétrécis que j'avais formés de mon limon, quand j'étais, moi, depuis des siècles, la *Sequana* majestueuse, le beau fleuve vierge, roulant dans mes eaux des forêts entières.

« Je suis un ennemi digne de toi, Paris ; je ronge tes pierres et j'arrache à tes môles leurs anneaux de bronze ; j'emporte tes constructions trop hardies, tes grands bateaux de chêne, et je les brise en me jouant.

« Paris, un jour viendra peut-être où je te ferai éclater toi-même comme une ceinture trop étroite, où mes flots, qui lavent depuis si longtemps tes pieds impurs, te prendront par le corps pour t'emporter dans l'Océan !

« A ce jour fatal, je frapperai à ta porte et j'escaladerai ta muraille ; je mugirai contre les sculptures les plus élevées de tes clochers ; j'entrerai en maître dans tes palais et dans tes temples. J'aurai ta coupe d'or et la goutte de vin qui y sera restée de l'orgie de la veille; j'aurai tes statues d'airain et leur voile de marbre; tes diamants et tes perles se mêleront à mon gravier; ton sceptre sera broyé entre les débris de tes somptueux hôtels. Je te balayerai honteusement des îles que tu m'as volées, et je ferai naître à ta place des joncs et des iris.

« Et jusqu'à ce que ce jour vienne, Paris, je ne cesserai de te maudire dans le clapotement de mes flots et le frémissement de mes rives. Je ne réfléchirai qu'à regret les ormeaux poudreux de tes promenades, les pointes élancées de tes tours. Je saisirai traîtreusement tes baigneurs à la jambe et je les entraînerai dans mes abîmes, pour les étouffer en silence. Mes vagues te heurteront sans relâche, comme un ennemi qui menace sourdement, en attendant l'heure du combat! »

Il nous semble que les pages qui précèdent sont d'un écrivain et d'un penseur.

Certains condottieri de la presse, race aussi absurde que méchante, ont appelé Élie Berthet le Bouchardy du feuilleton.

Ne serait-il pas temps qu'on fît justice des ennuques littéraires, qui ne tiennent compte ni de la patience du travail, ni des difficultés vaincues?

Soyez aristarques, si vous ne pouvez pas être autre chose; mais ne vous vengez pas de votre impuissance sur ceux qui, par leurs louables et constants efforts, ont droit à votre respect!

Pour estimer la science qui perce à chaque ligne dans les œuvres de l'écrivain dont nous faisons l'histoire, il faut la posséder soi-même, et l'on est mal venu de

jeter le dénigrement sur ce que l'on est
incapable d'apprécier.

D'autres ont voulu opposer le talent
d'Élie Berthet au talent d'Eugène Sue et à
celui de Paul Féval.

Rien n'est plus injuste.

Il n'existe pas la plus mince analogie
entre ces romanciers. Un abîme les sépare.
La nature de leur esprit, leurs tendances,
leur manière d'envisager les hommes et
les choses, leur style même, ne se ressem-
blent pas plus que leurs personnes.

Élie Berthet, qui peut montrer aujourd'hui quatre-vingts volumes, a le travail difficile.

Chez lui l'invention n'est pas le résultat spontané d'une brillante disposition de l'esprit, mais le produit laborieux d'un enfantement pénible.

Il écrit ordinairement sur ses genoux, assis sur un siège très-bas, et entouré d'un rempart de livres.

Quand il habitait à la Celle-Saint-Cloud une petite maison précédemment occupée par Jules Sandeau, il composait ses livres dans un grenier à foin, couché dans un hamac qu'y avait oublié l'auteur de *Marianne*.

Ce romancier, qui a décrit tant de régions, n'a presque pas fait de voyages.

Sa seule équipée de ce genre est une excursion de touriste au Puy-de-Dôme, faite en société d'un ami.

Cheminant tous deux en naturalistes déterminés, le sac sur le dos, le carton sous le bras, la boîte traditionnelle au flanc, ils gravisssaient des sentiers ardus, creusés dans un terrain volcanique, où l'on ne trouve pas une goutte d'eau.

Les deux herboriseurs ne tardèrent pas à subir le supplice de la soif.

Berthet descendit dans le cratère éteint d'un volcan, guidé par l'espoir d'y trouver un peu d'eau de pluie; mais ce sol crevassé avait tout bu.

Que devenir? Leur gosier était littéralement en feu, et déjà la fièvre faisait battre leurs artères, quand ils aperçurent à quelque distance, sur la croupe d'une colline, un petit pâtre conduisant un troupeau.

— Hé, petit! crièrent-ils en patois d'Auvergne, tu vas traire une de tes chèvres, et nous donner du lait.

— Nenni dà, répondit l'enfant.

— Pourquoi ? Nous te payerons bien. Voici dix sous.

Le jeune pâtre secoua la tête.

— Vous êtes des sorciers, leur dit-il, et vous donneriez du mal à mes chèvres.

— Il faut respecter les convictions de cet enfant, dit Berthet avec un soupir, en se rappelant son Italien.

D'ailleurs, le petit pâtre sifflait deux énormes bouledogues, formidables compagnons, avec lesquels il eût été dangereux d'essayer une lutte.

Nos touristes rentrèrent à Clermont presque morts de soif.

Cette aventure dégoûta le romancier des expéditions lointaines.

Aujourd'hui, dans ses promenades de naturaliste ou de chasseur, il ne dépasse guère le département de Seine-et-Oise.

Elie Berthet s'est marié, en 1840, avec une jeune personne, allemande de nation, qui lui a donné deux fils. L'aîné manifeste des dispositions extraordinaires pour les sciences exactes. A onze ans, il fait de la géométrie descriptive entre deux parties de barres.

Par ce bon temps de coq-à-l'âne et de calembours (soit dit sans flatter l'esprit de notre époque) on devait nécessairement jouer sur le nom de notre romancier.

— C'est bien dommage, disait Méry, après 1848, que Berthet, le bras droit du *Siècle*, ne soit pas nommé commissaire du gouvernement en Limousin, son pays natal, comme Altaroche vient de l'être en Auvergne.

— Et pourquoi cela? lui demanda-t-on.

— Dame! il aurait économisé beaucoup de temps à la République, attendu qu'en rédigeant les proclamations, sa signature aurait fait double emploi :

Fraternité, Egalité

Elie Berthet.

Une variante du même calembour se trouve consignée au *Moniteur*.

A l'une des séances de la Chambre, un représentant du peuple, ayant entamé l'exorde d'une harangue politique par ces mots : « Les libertés du siècle... » Un interrupteur goguenard de la droite s'écria :

— Que vient faire ici l'Élie Berthet du *Siècle ?*

L'auteur de la *Mine d'or*, ainsi que nous l'avons dit plus haut, mène une existence fort retirée.

Toujours on le voit en excellents termes avec les écrivains ses confrères, mais sans cultiver avec eux des relations intimes.

A l'époque où il était secrétaire de Desnoyers, il voyait souvent Balzac.

Celui-ci semblait le remarquer à peine et ne lui adressait jamais la parole.

Un jour Élie rencontre dans la rue l'illustre père d'*Eugénie Grandet*. Balzac venait de porter de la copie chez l'imprimeur. Il était fort mécontent de n'avoir pas trouvé là Desnoyers, qui seul pouvait lui ouvrir les portes de la caisse. Apercevant son jeune secrétaire, il vint à lui, le chapeau sur la tête, et, lui touchant l'épaule de l'index :

— Ah ! fit-il, vous direz à Desnoyers que j'ai remis la copie au journal.

Puis il tourna les talons et disparut.

Berthet s'acquitta, le soir même, de la commission.

Desnoyers lui répondit :

— Je ne l'oublierai pas, il me l'a déjà fait dire par trois personnes.

A quelques mois de là, Berthet rencontre Balzac précisément à la même place. Gardant son chapeau sur la tête, il va droit à l'auteur du *Lys dans la vallée*, et reproduisant avec scrupule sa pantomime :

— Ah! fit-il, en lui touchant l'épaule de l'index, vous le lui aviez déjà fait dire par trois personnes!

Balzac resta tout ahuri de cette leçon de politesse.

Simple dans ses goûts, Élie Berthet loge

au faubourg Saint-Germain, dans un appartement modeste. Rien ne distingue son salon du salon d'un bourgeois, si ce n'est quelques toiles précieuses, un Garafalo splendide, trois Decaisne, deux Marilhat, et de beaux émaux de Limoges, comme on n'en voit guère qu'au Louvre et au musée de Cluny.

Le docteur Félix Thibert, son ami, lui a fait présent d'un superbe bas-relief en cire, dans le goût des *rustiques figulines* de Bernard de Palissy.

Nombre d'écrivains médiocres ont le ruban rouge à leur boutonnière.

Élie Berthet, beaucoup plus digne

qu'eux de l'obtenir, ne l'a pas encore. Il est vrai qu'il faut le demander pour l'avoir : en ce cas, ni lui, ni certains autres, ne l'auront jamais.

Sur ce tortueux chemin de la vie, où tant de voyageurs s'égarent, manquent à leur mission et se prostituent à la fortune, il est beau de rencontrer des âmes honnêtes que rien ne fait dévier de la droite ligne.

Notre héros est de ce nombre.

C'est l'homme probe, intègre, esclave de son devoir, ennemi de l'intrigue, étranger à toute coterie et ne sachant pas le premier mot du vocabulaire des courtisans. Nature bonne, intelligente, serviable, il gagne par la douceur de ses mœurs et par la loyauté de son caractère les sympathies de tous ceux qui l'approchent.

FIN

Mardi matin —

Mon cher ami,

Le volume a été publié à une époque où l'on ne me laissait pas le temps de me relire. Toutes les phrases sont à refaire ; un travail énorme. Cette besogne m'occupera jusqu'à la fin du mois.

À la fin du mois donc, et à vous de cœur

Élie Berthet

BIBLIOTHÈQUE MODERNE

à un franc le volume

EN VENTE

LE ROI D'OUDE

MŒURS DE L'INDE

Récit arrangé de l'anglais par B. H. RÉVOIL

SUIVI D'UN

PRÉCIS DE L'HISTOIRE

et de

L'INSURRECTION DE L'INDE

PAR CHALLAMEL

Un volume in-18. — Prix : 1 franc.

LA BOURSE
ET
SES TURPITUDES

PAR

EUGÈNE DE MIRECOURT

Un volume in-octavo. — Prix **cinq francs**.

Cet ouvrage paraîtra vers la fin de novembre.

On souscrit d'avance chez l'auteur, rue des Marais-Saint-Martin, 48. — A l'administration du journal *les Contemporains*, rue Coq-Héron, 5. — Chez M. Gustave Havard, libraire, 15, rue Guénégaud. — Et chez M. Blondeau, imprimeur, 26, rue du Petit-Carreau.

En envoyant un mandat de *cinq francs cinquante centimes* sur la poste, les souscripteurs recevront l'ouvrage *franco*, le jour même de la mise en vente.

25 CENTIMES LA LIVRAISON AVEC GRAVURES

MÉMOIRES
DE
NINON DE LENCLOS

PAR
EUGÈNE DE MIRECOURT
Auteur des *Confessions de Marion Delorme*

2 volumes grand in-8° jésus, illustrés par J.-A. BEAUCÉ

Le succès obtenu par les *Confessions de Marion Delorme* nous décide à publier sans interruption un second ouvrage, qui en est, pour ainsi dire, le complément.

À l'étude si dramatique et si intéressante du siècle de Louis XIII, M. Eugène de Mirecourt va faire succéder l'étude du grand siècle, que mademoiselle de Lenclos a parcouru dans toute sa durée et dans toute sa gloire.

Nous allons retrouver ici, sous un autre point de vue et dans des circonstances différentes, beaucoup de personnages du premier livre, mêlés à de nouveaux drames et à des péripéties plus saisissantes peut-être. L'histoire de Marion Delorme finit à la Fronde ; celle de Ninon de Lenclos traverse une période de soixante années au delà, marche côte à côte avec le siècle de Louis XIV, en coudoie toutes les illustrations, tous les héroïsmes, et s'arrête au berceau de Voltaire.

Nous ne négligerons rien pour donner à cet ouvrage, comme au précédent, tout le luxe typographique possible, et les dessins des gravures continueront d'être confiés au spirituel et fin crayon de M. J.-A. Beaucé.

La publication aura lieu également, soit par livraisons, soit par séries, au choix des souscripteurs.

CONDITIONS DE LA SOUSCRIPTION

Les MÉMOIRES DE NINON DE LENCLOS, par Eugène de Mirecourt, formeront 2 volumes grand in-8°.

20 gravures sur acier et sur bois, tirées à part, dessinées par J.-A. BEAUCÉ, et gravées par les meilleurs artistes, illustreront cet ouvrage, qui sera publié en 60 livraisons à 25 cent., et en 10 séries brochées à 1 fr. 50 c. chaque.

Chaque livraison contiendra invariablement 16 pages de texte. Les gravures seront données en sus. — Une ou deux livraisons par semaine.

L'ouvrage complet, 15 fr.

ON SOUSCRIT A PARIS
CHEZ GUSTAVE HAVARD, LIBRAIRE-ÉDITEUR
15, RUE GUÉNÉGAUD,

Et chez tous les Libraires de la France et de l'Étranger.

www.ingramcontent.com/pod-product-compliance
Lightning Source LLC
LaVergne TN
LVHW050634090426
835512LV00007B/840